...QUE FRANÇAISE.

...NATIONALE DE LA SEINE

...ILLON DE GUERRE

COMPAGNIE

LIVRET

Dusmond, Eugène

...tricule

18
18
18
18
18
18

...nuels

Impr. DUPONT, 41, rue Jean-Jacques-Rousseau.

...Z

...E SENNE

1911

RÉPUBLIQUE FRANÇAISE.

GARDE NATIONALE DE LA SEINE

1ᵐᵉ BATAILLON DE GUERRE.

3 — COMPAGNIE

Le présent Livret appartient à

NOM
écrit en bâtarde { *Brémond,*

PRÉNOMS : *Eugène,*

SURNOMS : _____

PROFESSION. *Comptable,*

DOMICILE. *378, Rue St Honoré Paris*

DATE ET LIEU
DE LA NAISSANCE : Né le _____ *à Paris*

Département de *la Seine*

8ᵉ Z le *Somme 11.911*

Incorporé le...	*11 Novembre 1870.*
Parti le........	*21 Décembre 1870.*

		AGÉ DE :
Célibataire.		
Marié.........	___ Enfant	
Veuf..........	___ Enfant	

Nº matricule dn fusil.	

ERVICES ANTÉRIEURS dans la Garde nationale.	

Dans l'Armée.	

ACTIONS D'ÉCLAT (dans d'autres corps et au corps).	BLESSURES (dans d'autres corps et au corps).	CAMPAGNES DANS D'AUTRES CORPS ET AU CORPS.

OBJETS D'HABILLEMENT, D'ÉQUIPEMENT ET DE CAMPEMENT.	DATES DES FOURNITURES	OBJETS D'HABILLEMENT, D'ÉQUIPEMENT ET DE CAMPEMENT.	DATES DES FOURNITURES
1. Capote		11. Fourreau de baïonnette	
2. Vareuse		12. Bretelle de fusil	
3. Pantalon		13. Havresac	
4. Képi		14. Tente-abris	
5. Guêtres		15. Gamelle	
6. Souliers		16. Petit bidon	
7. Couverture		17.	
8. Ceinture de flanelle		18.	
9. Gilet de tricot		19.	
10. Ceinturon		20.	

MUTATIONS.

EXTRAITS

DES

LOIS ET RÈGLEMENTS

APPLICABLES

A LA GARDE NATIONALE SÉDENTAIRE

Lois : 13 juin 1851, — 9 juin 1857 (Code militaire), — et 12 août 1870.
Décrets : 11, 15, 27 et 29 septembre 1870.

COMPAGNIES.

La force des compagnies est de cent à deux cent cinquante hommes. Néanmoins, les communes qui auraient moins de cent gardes nationaux pourront former une compagnie, pourvu qu'elle présente un effectif de plus de cinquante hommes.

Au-dessous de cinquante et un hommes, la garde nationale est formée en subdivision de compagnie.

Quant au cadre des officiers et sous-officiers par compagnie, il a été fixé comme suit par le décret réglementaire de 1851 (art. 19) :	NOMBRE TOTAL D'HOMMES.		
	De 51 à 100	De 100 à 150	De 150 à 250
Capitaine en premier................	1	1	1
Capitaine en second................	»	»	1
Lieutenants......................	1	1	2
Sous-lieutenants..................	1	2	2
Sergent-major....................	1	1	1
Sergent-fourrier..................	1	1	1
Sergents.........................	4	6	8
Caporaux........................	8	12	16
Tambours........................	1	2	2

DE L'ÉLECTION AUX GRADES.

Les gardes nationaux portés sur le contrôle du service ordinaire nomment leurs officiers, sous-officiers et caporaux. (Art. 35.)

Toutes les élections sont faites sous la présidence du maire, d'un adjoint ou d'un membre du conseil municipal, pris dans l'ordre du tableau, assisté de deux membres du conseil de recensement.

Les élections d'officiers, sous-officiers et caporaux de compagnie ne sont valables qu'autant que le tiers au moins des gardes nationaux inscrits y a pris part.

Si le nombre des votants est inférieur au tiers, les gardes nationaux seront convoqués de nouveau au jour fixé par le maire.

Si le nombre des votants est encore inférieur au tiers, les gardes nationaux sont convoqués une troisième fois, et l'élection est faite par les électeurs présents, quel que soit leur nombre. (Art. 41.)

L'élection des capitaines a lieu successivement pour chaque emploi, au scrutin individuel et secret, et à la majorité absolue des suffrages.

Si l'effectif de la compagnie comporte plusieurs lieutenants ou sous-lieutenants, ces officiers sont élus par bulletin de liste, au scrutin secret, pour chaque grade, et à la majorité absolue des suffrages.

Après deux tours de scrutin, si la majorité absolue n'a été obtenue par aucun des candidats, ou ne l'a pas été par un nombre de candidats égal à celui des emplois à conférer, il est procédé a un scrutin de ballottage sur une liste double du nombre d'officiers restant à nommer, et comprenant les candidats qui ont obtenu le plus grand nombre de voix au second tour.

L'élection ne peut avoir lieu que sur cette liste.

Les lieutenants et sous-lieutenants prennent rang entre eux

suivant l'ordre de leur nomination : d'après le nombre des suffrages obtenus, s'ils ont été nommés au même scrutin; d'après l'âge, si deux ou plusieurs d'entre eux ont obtenu le même nombre de suffrages au même tour de scrutin.

Les délégués sont élus sur bulletin de liste, et à la majorité relative, immédiatement après les officiers.

Les sergents-majors et les fourriers sont élus sur bulletins individuels; les sergents et caporaux, sur bulletins de liste.

Dans les deux cas, l'élection a lieu à la majorité relative.

Aucun scrutin n'est fermé qu'après un appel et un réappel. (Art. 42.)

DU CONSEIL DE FAMILLE.

Il est d'usage de constituer dans chaque compagnie un conseil de famille. — Ce conseil doit être élu dans la forme où le sont les officiers, c'est-à-dire sous la présidence du maire, d'un adjoint ou d'un délégué du maire, par les gardes nationaux de la compagnie dont le vote secret peut porter indistinctement sur des officiers de leur compagnie autres que le capitaine, des sous-officiers, des caporaux et des gardes.

Le nombre des membres du conseil de famille peut varier; cependant il serait bon d'établir l'uniformité et d'en fixer dans toutes les compagnies le chiffre à six.

Les attributions de ce conseil portent :

1º Sur les dépenses obligatoires et facultatives de la compagnie;

2º Il fixe le chiffre de la cotisation mensuelle que doit payer chaque garde pour compléter le traitement des tambours, l'entretien des armes, le fourniment des hommes, etc.;

3º Il veille à la bonne tenue de la compagnie; il intervient dans les difficultés et contestations qui peuvent surgir entre les gardes nationaux à l'occasion du service, donne des avis, et cherche tous les moyens de conciliation pour prévenir l'envoi devant le conseil de discipline du bataillon, etc

Les attributions du conseil de famille ne sont, en définitive, que purement éventuelles; aussi ces conseils ne peuvent prendre aucunes délibérations contraires aux principes constitutifs de la garde nationale. (Loi du 24 octobre 1790, art. 3.)

COTISATIONS.

Les cotisations sont volontaires; elles forment un fonds commun au profit de la compagnie. Elles servent à payer les dépenses personnelles de la compagnie, notamment les indemnités ou le supplément de traitement aux tambours, et tous les frais faits par la compagnie, en dehors des dépenses acceptées par les municipalités.

DES ARMES,

Les communes sont responsables, sauf leur recours contre les gardes nationaux, des armes que le gouvernement a jugé nécessaire de leur délivrer; ces armes restent la propriété de l'État.

L'entretien de l'armement est à la charge du garde national; les réparations, en cas d'accident causé par le service, sont à la charge de la commune.

Les gardes nationaux détenteurs d'armes appartenant à l'État, qui ne présentent pas ou ne font pas présenter ces armes aux inspections générales annuelles prescrites par les règlements, peuvent être condamnés à une amende de un franc au moins, et de cinq francs au plus, au profit de la commune.

Cette amende est prononcée et recouvrée comme en matière de police municipale (art. 58).

DE L'UNIFORME.

L'uniforme est obligatoire pour tous les officiers.

Il est obligatoire pour les sous-officiers, caporaux et gardes nationaux des chefs-lieux de département et d'arrondissement, et pour toutes les communes qui ont une population agglomérée de plus de trois mille âmes (art. 59).

DE LA DISCIPLINE. — DES PEINES, CONDAMNATIONS (1).

Peut être puni, selon la gravité des cas, de la réprimande, de la réprimande avec mise à l'ordre, ou de la prison pour deux jours au plus et trois en cas de récidive :

1° Tout sous-officier, caporal ou garde national coupable d'inexécution des ordres reçus, de désobéissance, d'insubordination ou de refus d'un service commandé.

Sont considérés comme services commandés, non-seulement les services commandés dans la forme ordinaire, mais encore les prises d'armes par voie de rappel ou de convocation verbale ;

2° Tout sous-officier, caporal ou garde national de service qui est en état d'ivresse, profère des propos offensants contre l'autorité ou tient une conduite qui porte atteinte à la discipline ou à l'ordre ;

3° Tout sous-officier, caporal ou garde national de service qui abandonne ses armes, sa faction ou son poste avant d'être relevé.

L'arrivée tardive au lieu de rassemblement, l'absence du poste sans autorisation, et l'absence prolongée au delà du terme fixé par l'autorisation, peuvent être considérées comme abandon du poste ;

4° Tout sous-officier, caporal ou garde national qui enfreint l'article 5 de la présente loi, ainsi conçu : « Les citoyens ne peuvent ni prendre les armes ni se rassembler comme gardes nationaux, avec ou sans uniforme, sans l'ordre des chefs immédiats, et ceux-ci ne peuvent donner cet ordre sans une réquisition de l'autorité civile » ;

5° Tout sous-officier, caporal ou garde national dont l'armement est mal entretenu ou qui ne fait pas son service en uni-

---

(1) Dans le cas d'un état de siége et pendant toute sa durée, les conseils de discipline cessent de fonctionner. Le Code militaire devient applicable (décret du 27 septembre 1870, art. 11; loi du 9 juin 1857). Voir page 11.

forme, dans les communes où l'uniforme est obligatoire. (Art. 76.)

Le garde national qui vend, détourne ou détruit volontairement les armes de guerre, les munitions ou les effets d'équipement qui lui ont été confiés, est traduit devant le tribunal de police correctionnelle et puni de la peine portée en l'article 408 du Code pénal, sauf l'application de l'article 463 du même Code. Dans le cas d'état de siége, les peines du Code militaire sont applicables. (Décret du 27 septembre 1870, loi du 9 juin 1857, art. 80.)

Le jugement de condamnation prononce la restitution, au profit de la commune, du prix des armes, munitions ou effets. (Art. 81.)

Tout garde national qui, dans l'espace d'une année, a subi deux condamnations du conseil de discipline, peut être, par le jugement qui prononce la seconde condamnation, rayé des contrôles du service ordinaire, pour deux années au plus, avec mise à l'ordre. (Art. 82.)

Après deux condamnations pour refus de service, le garde national est, en cas de troisième refus de service dans l'année, traduit devant le tribunal de police correctionnelle, et condamné à un emprisonnement qui ne peut être moindre de six jours ni excéder dix jours.

En cas de récidive dans l'année, à partir du jugement correctionnel, le garde national est traduit de nouveau devant le tribunal de police correctionnelle, et puni d'un emprisonnement qui ne peut être moindre de dix jours, ni excéder vingt jours.

Il est, en outre, condamné aux frais et à une amende qui ne peut être moindre de seize francs, ni excéder trente francs dans le premier cas, et, dans le deuxième, être moindre de trente francs ni excéder cent francs. (Art. 89.)

DE LA DISCIPLINE PENDANT L'ÉTAT DE SIÉGE D'UNE PLACE DE GUERRE.

Par suite d'un ordre du commandant supérieur des gardes

nationales de la Seine à la date du 11 octobre 1870, il est rappelé qu'en vertu du décret du 27 septembre 1870 sur la discipline,

1° Le Chef de bataillon peut prononcer :

Huit jours d'arrêts simples ou forcés contre un officier ;

Quatre jours de prison contre un sous-officier, caporal, garde ou tambour.

2° Le Capitaine peut prononcer :

Les arrêts simples contre un officier ;

Deux jours de prison contre un sous-officier, caporal, garde ou tambour.

3° Les Officiers subalternes ne peuvent pas punir directement, à moins qu'ils ne remplissent momentanément des fonctions supérieures, et ils doivent en référer à leur supérieur immédiat.

Toutes punitions plus fortes que celles ci-dessus relatées sont prononcées par le Commandant du Secteur, le général commandant supérieur des gardes nationales ou le Gouverneur de Paris.

Un local devant servir de prison disciplinaire va être assigné à chaque secteur. Toutes les peines de la prison prononcées jusqu'à ce jour et non encore subies, le seront dès que cette désignation aura été effectuée.

Les Chefs de bataillon ont le droit d'écrou direct ; lorsque les Capitaines infligeront la peine de la prison à un de leurs subordonnés, il demanderont donc un billet d'écrou à leur Chef de bataillon.

Un Garde national puni, et qui croit être dans le droit de formuler une réclamation, doit s'adresser au supérieur immédiat de celui qui l'a puni.

GARDE NATIONALE.

DISCIPLINE.

TABLEAU DES INFRACTIONS AU SERVICE OU A LA DISCIPLINE

Des délits spéciaux qui peuvent être commis par des citoyens en qualité de gardes nationaux, ainsi que des peines dont la loi du 13 juin 1851 punit ces infractions et délits.

INFRACTIONS AU SERVICE OU A LA DISCIPLINE (Délits, voir nos 30 et 31.)	POSITION ET RANG DES GARDES NATIONAUX ayant commis des infractions.	ARTICLES DE LA LOI.	PEINES DONT LES INFRACTIONS SONT PASSIBLES.	ARTICLES DE LA LOI.
1. Conduite qui compromet le caractère d'un-officier ou porte atteinte à l'honneur de la garde nationale.	Officier étant de service ou en uniforme.	73	Selon la gravité des cas : La réprimande, Ou la réprimande avec mise à l'ordre des motifs du jugement; Ou prison pour six heures au moins, et trois jours au plus, avec ou sans mise à l'ordre; Ou privation du grade, avec mise à l'ordre.	72 et 73
2. Infractions aux règles du service, à la discipline ou à l'honneur de la garde nationale.				
3. Contravention à l'article 5 de la loi, qui défend aux citoyens de prendre les armes ou de se rassembler comme gardes nationaux, avec ou sans uniforme, sans l'ordre des chefs, donné en vertu d'une réquisition de l'autorité civile.	Officier ou chef de poste.			
4. Absence du poste non autorisée.	Officier ou sous-officier étant chef de poste ou de détachement.	74	Prison pour six heures au moins et trois jours au plus; Mise à l'ordre, s'il y a lieu, des motifs du jugement.	72 et 74
5. Abus d'autorité.				
6. Désobéissance.				
7. Insubordination.				
8. Inexactitude à signaler, dans les formes requises, les fautes commises par les subordonnés.				
9. Inexécution d'ordres reçus.				
10. Infraction à l'article 6 de la loi, qui défend aux chefs de poste de distribuer des cartouches, si ce n'est en vertu d'ordres précis ou en cas d'attaque de vive force.				

INFRACTIONS AU SERVICE OU A LA DISCIPLINE. (Délits, voir nos 30 et 31.)	POSITION ET RANG DES GARDES NATIONAUX ayant commis des infractions.	ARTICLES DE LA LOI.	PEINES DONT LES INFRACTIONS SONT PASSIBLES.	ARTICLES DE L. LOI.
11. Manquement à un service commandé.	Officier ou sous-officier étant chef de poste ou de détachement.	74	Prison pour six heures au moins et trois jours au plus; Mise à l'ordre, s'il y a lieu, des motifs du jugement.	72 et 74
12. Manque de respect, propos offensants ou insultes envers les officiers d'un grade supérieur.				
13. Propos outrageants envers un subordonné.				
14. Abandon des armes, de la faction ou du poste avant d'être relevé.	Sous-officier, caporal ou brigadier, garde national.	76	Selon la gravité des cas: La réprimande; Ou la réprimande avec mise à l'ordre; Ou prison pour six heures au moins et deux jours au plus, avec mise à l'ordre, s'il y a lieu, des motifs du jugement; Et pour trois jours en cas de récidive.	76
15. Conduite portant atteinte à la discipline ou à l'ordre.				
16. Désobéissance.				
17. État d'ivresse.				
18. Inexécution des ordres reçus.				
19. Insubordination.				
20. Infraction à l'obligation de l'uniforme dans les communes où l'uniforme est obligatoire.				
21. Mauvais entretien de l'armement.	Sous-officier, caporal ou brigadier, garde national (avec ou sans uniforme).	75	Prison pour six heures au moins et trois jours au plus, avec mise à l'ordre du jugement, et privation du grade pour les officiers, sous-officiers, caporaux et brigadiers; En outre, la faculté, pour le conseil de discipline, d'ordonner la radiation du condamné du contrôle du service ordinaire, pendant un temps qui n'excédera pas cinq années, ainsi que l'affiche du jugement aux frais du condamné.	78
22. Propos offensants contre l'autorité.				
23. Refus d'un service commandé.				
24. Infraction à l'article 5 de la loi (voir plus haut, no 3).				
25. Manquement à l'appel, sans excuse légitime, dans le cas où l'ordre public est menacé.	Officiers, sous-officiers, caporaux ou brigadiers, gardes nationaux.			

INFRACTIONS AU SERVICE OU A LA DISCIPLINE. (Délits, voir nos 30 et 31.)	POSITION ET RANG DES GARDES NATIONAUX ayant commis des infractions.	ARTICLES DE LA LOI.	PEINES DONT LES INFRACTIONS SONT PASSIBLES.	ARTICLES DE LA LOI.
26. Infraction ou manquement ayant motivé une seconde condamnation dans les douze mois où la première condamnation a été prononcée.	Officiers, sous-officiers, caporaux ou brigadiers, gardes nationaux	82	Faculté, pour le conseil de discipline, de prononcer, en même temps que la, seconde condamnation, la radiation du contrôle du service ordinaire pour deux années au plus, avec mise à l'ordre.	82
27. Manquement motivant une condamnation à la prison encourue dans les douze mois après une première condamnation.	Officiers, sous-officiers, caporaux ou brigadiers.	79 et 80	Privation du grade, prononcée par le second jugement de condamnation; incapacité d'être élu de nouveau à un grade avant les élections générales.	79 et 80
28. Troisième refus de service dans l'année, lorsqu'il est déjà intervenu deux condamnations pour un semblable manquement à l'obligation du service.	Garde national.	83	Renvoi devant le tribunal de police correctionnelle; Emprisonnement de six jours au moins et de dix jours au plus; condamnation aux frais et à une amende qui ne peut être moindre de 16 francs ni excéder 30 francs. Renvoi devant le tribunal de police correctionnelle;	83
29. Récidive de refus de service dans l'année, à partir d'une condamnation du tribunal de police correctionnelle pour même refus.	Garde national.	83	Emprisonnement de dix jours au moins et de vingt jours au plus; condamnation aux frais et à une amende qui ne peut être moindre de 30 francs ni excéder 100 francs. Renvoi devant le tribunal de police correctionnelle;	83
30. Vente, détournement ou destruction volontaire des armes de guerre, des munitions ou des effets d'équipement confiés aux gardes nationaux.	Gardes nationaux de tous grades	81	Condamnation aux peines portées à l'article 408 du Code pénal, sauf l'application de l'article 463 du même Code. Restitution, au profit de la commune, du prix des armes, munitions ou effets.	81
31. Délits prévus par les articles 234 et 258 du Code pénal (refus d'obtempérer aux réquisitions; usurpation de fonctions).	Chef de corps, de poste ou de détachement	84	Renvoi devant le tribunal de police correctionnelle; Suspension du grade jusqu'au jugement. En cas de condamnation, perte du grade.	84

TABLE ALPHABÉTIQUE

DES MANQUEMENTS OU INFRACTIONS AU SERVICE OU A LA DISCIPLINE AVEC RENVOI AUX DIVERS NUMÉROS DES ARTICLES DE LA PREMIÈRE COLONNE DU TABLEAU D'AUTRE PART (PAGES 13, 14 ET 15).

Paris-Imp. PAUL DUPONT, 41 rue Jean-Jacques-Rousseau. (155, 11 70

www.ingramcontent.com/pod-product-compliance
Lightning Source LLC
Chambersburg PA
CBHW060728280326
41933CB00013B/2582